DISCOURS

DU ROI,

A L'OCCASION DES RÉCOMPENSES ACCORDÉES
A L'INDUSTRIE NATIONALE,

ET

LISTE DES EXPOSANTS

QUI ONT OBTENU DES RÉCOMPENSES.

DISCOURS DU ROI,

A l'occasion des récompenses accordées à l'industrie nationale, et Discours adressé au Roi par M. le baron THENARD, président du jury. — Noms et professions des exposants qui ont obtenu la croix de la Légion d'honneur, des médailles et des mentions.

(Extrait du Moniteur du 15 Juillet 1834.)

Le Roi a distribué aujourd'hui, aux Tuileries, les récompenses nationales accordées à l'industrie. Tous ceux des exposants qui devaient être nommés étaient réunis dans la salle des Maréchaux.

A deux heures et demie, le Roi est entré, accompagné de S. M. la Reine, de S. A. R. Mgr le duc d'Orléans, et de LL. AA. RR. Mme Adélaïde, les princesses Marie et Clémentine.

A la suite de Leurs Majestés on remarquait M. le président du conseil, M. le ministre de l'instruction publique, M. le ministre du commerce, et M. le maréchal Gérard.

MM. les membres du jury central se sont avancés au-devant de Leurs Majestés, et M. le baron Thenard, président du jury, a adressé au Roi le discours suivant :

Sire,

La France revoit toujours avec admiration les expositions des produits de l'industrie. La première elle a donné l'exemple de ces mémorables concours, qui excitent la plus vive et la plus noble émulation; elle s'en glorifie, Sire, et son vœu le plus cher serait sans doute que, imitée de toutes parts, il n'y eût plus désormais que de semblables luttes entre les peuples, luttes généreuses, pacifiques, où le vaincu, instruit par le vainqueur, a lui-même part à la victoire.

Si ce vœu, SIRE, n'était point inspiré par les droits sacrés de l'humanité, il le serait encore par les intérêts matériels sur lesquels se fonde la prospérité publique. Que l'on considère, en effet, les progrès de l'industrie depuis quarante ans, et l'on verra que, presque insensibles pendant la guerre, ils ont été immenses pendant la paix.

Grâces vous soient donc rendues, SIRE : en conservant la paix avec honneur, vous avez plus fait pour la France qu'en gagnant des batailles et conquérant des provinces.

C'est surtout dans les sept dernières années qui viennent de s'écouler que l'industrie française s'est avancée à grands pas. Nos usines se sont multipliées, agrandies; nos machines se sont perfectionnées; notre fabrication, en s'améliorant, s'est faite à plus bas prix; nos relations se sont étendues; des arts nouveaux même ont pris naissance. Aussi l'exposition de 1834 l'emporte-t-elle de beaucoup sur celles qui l'ont précédée, et laissera-t-elle de profondes traces, de longs et féconds souvenirs dans les esprits.

Quel magnifique, quel imposant spectacle, Sire, que ces vastes galeries où les richesses industrielles de la France étaient offertes à tous les regards, et où tant de citoyens accourus de pays divers, mêlés et confondus, se pressaient et se succédaient sans cesse pour les voir, les admirer et les revoir encore !

Vous-même, Sire, vous étiez au nombre des témoins et des admirateurs ; et si la majesté du trône l'eût permis, vous eussiez pu être au rang des juges. Entouré de votre auguste famille, vous avez consacré des jours entiers à visiter cette exposition, la première de votre règne, et pleine d'un si bel avenir. Vous en avez apprécié tous les produits, prenant plaisir à vous entretenir avec chacun de ceux qui les avaient fabriqués, encourageant tous les efforts, applaudissant à tous les succès, trouvant les heures trop rapides dans ces visites, qui pourtant se prolongeaient et se répétaient, et fier d'être l'élu d'une nation qui savait faire de si utiles et de si grandes choses.

Le jury central, SIRE, a senti tout à la fois combien était honorable, mais en même temps délicate et difficile, la haute mission qu'il avait reçue. C'était un puissant motif pour qu'il s'efforçât de la remplir plus dignement encore. Il s'est entouré de tous les documents qui pouvaient l'éclairer; souvent il a consulté les lumières d'hommes habiles dont le savoir égalait l'intégrité. Tous les titres ont été pesés scrupuleusement : les qualités des produits, leurs prix, l'importance des fabriques, voilà les éléments qui ont servi de bases à ses décisions. Les difficultés vaincues n'ont obtenu d'encouragement qu'autant qu'elles étaient utiles ; et les inventions elles-mêmes n'ont été que signalées à l'attention publique, lorsqu'elles n'avaient point reçu la sanction de l'expérience.

C'est donc avec la profonde conviction d'avoir accompli les devoirs qui lui étaient imposés, que le jury se présente devant Votre Majesté pour entendre proclamer solennellement les noms de ceux qu'il a jugés dignes de récompenses élevées.

Elles vont réaliser la juste espérance des uns : peut-être ne répondront-elles pas complétement aux désirs de quelques autres; mais dès demain s'ouvre l'ère d'une exposition nouvelle : qu'ils rentrent dans la lice, et de nouveaux efforts les feront triompher à leur tour.

Pour tous, elles seront des titres d'honneur.

Pour tous, aussi, elles doubleront de prix, données par un prince protecteur des sciences et des arts; qui, dans l'adversité, sut trouver, en les enseignant, les plus douces consolations et les plus honorables ressources, et qui, dans la bonne comme dans la mauvaise fortune, fut toujours animé de l'amour du bien public et dévoué au salut de son pays.

Le Roi a répondu :

J'éprouve une grande satisfaction à

proclamer avec vous que l'exposition des produits de l'industrie française en 1834 a été la plus complète, la plus importante et la plus magnifique que nous ayons encore eue.

Ici le Roi, dont la voix est légèrement voilée, s'arrête un moment. Sa Majesté reprend aussitôt :

Je suis fâché qu'un enrouement m'empêche de me faire entendre de vous comme je l'aurais désiré; mais, quel que soit l'état de ma voix, vous entendrez les expressions qui partent de mon cœur, quand je vous dirai combien j'ai été touché de tous les sentiments que vous m'avez témoignés, et quand je vous entretiendrai du plaisir que j'ai éprouvé à parcourir avec vous cette belle exposition, ces galeries si richement décorées par tant d'objets divers; à entrer avec vous dans les détails de vos produits, et à apprendre à les apprécier encore mieux par les explications que vous me donniez. C'est une véritable satisfaction pour moi que de pouvoir vous témoigner de nouveau tout l'intérêt que je porte à l'industrie, et combien je jouis de ses progrès.

J'aime à croire avec vous que ces heureux et brillants progrès sont les fruits de la politique sage et honorable qui a été constamment suivie à l'extérieur et à l'intérieur par mon gouvernement, depuis que le vœu national m'a appelé au trône, à ce trône que j'ai accepté dans l'intérêt de la patrie, et pour défendre ses droits, ses libertés, et tous nos intérêts nationaux. Nous les avons assurés à l'extérieur, nous y avons maintenu l'honneur du nom français; et nous avons conservé la paix générale, par notre droiture et notre loyauté. C'est ainsi que nous avons rassuré les nations et les puissances étrangères sur les alarmes que d'anciens souvenirs pouvaient encore leur inspirer. Nous avons montré que la France était assez grande, assez illustre, pour n'avoir pas besoin d'autres conquêtes que celles dans lesquelles vous m'assistez si bien, celles des arts, de l'industrie et de la richesse nationale. Nous en avons fait de grandes, et j'aime surtout à vous féliciter des progrès que vous avez fait faire aux arts utiles et aux sciences positives, ainsi que de tous les perfectionnements que vous avez donnés à nos machines et à nos produits. C'est en continuant à vous y appliquer que vous parviendrez à soutenir la réputation que vous avez si bien méritée, et que vous augmenterez votre prospérité personnelle par l'accroissement de la prospérité publique.

Aujourd'hui le commerce, dégagé des monopoles et des priviléges qui l'entravaient jadis, peut se livrer sans contrainte à toutes les recherches, à toutes les entreprises, et parcourir librement la vaste carrière qui est actuellement ouverte devant lui. Il est sous la protection de lois tutélaires qui assurent à tous la conservation de leurs droits, le libre exercice de leur industrie, et le développement de leurs facultés morales et intellectuelles. C'est là ce que demandait la nation, et c'est ce que je regarde comme la véritable égalité. L'égalité des droits, voilà ce que nous avons voulu ; que chacun puisse parvenir à tout ce que ses facultés, son éducation, ses talents, lui donnent le droit d'atteindre, et alors le véritable vœu national sera satisfait; la véritable égalité sera protégée contre toutes les exagérations qui la détruisent.

Ici le Roi est interrompu par de vifs applaudissements et par les cris de *vive le Roi !*

Il faut nous préserver de ne savoir pas reconnaître et honorer la supériorité du talent, de la propriété, de la richesse, et enfin celle de toutes les illustrations. Montrons que si nous n'avons pas voulu de l'aristocratie du privilége, nous voulons l'aristocratie de la grandeur d'âme, de l'habileté, du talent, et des services rendus à la patrie.

Nouveaux applaudissements, nouveaux cris de *vive le Roi !*

A présent que la confiance est bien établie, et que la sécurité dont jouit la nation favorise et facilite toutes les améliorations que je viens de signaler devant vous avec tant de satisfaction, rien ne saurait plus arrêter leur marche; mais pourtant il faut leur laisser le temps nécessaire; il ne faut pas que nos expositions soient trop rapprochées : ce serait user l'effet qu'elles produisent, tandis que dans quelques années l'industrie pourra de nouveau présenter à la France d'éclatants progrès. J'ai la confiance que l'exposition prochaine surpassera autant celle de 1834 que l'exposition de 1834 a surpassé toutes celles qui l'ont précédée. Par là nous arriverons en même temps à améliorer le sort des ouvriers; nous arriverons à leur faire comprendre, ce qu'il est si nécessaire de leur démontrer, que c'est seulement par la réduction du prix des marchandises, qui augmente d'une manière si heureuse la richesse publique en augmentant la rapidité de la circulation du numéraire, qu'ils peuvent espérer de voir s'accroître leur bien-être, et de ne jamais manquer de trouver dans leur travail les moyens de satisfaire à tous leurs besoins. J'ai souvent pensé, en leur voyant quitter l'ouvrage, à cette retraite du peut

-ple romain sur le mont Aventin, lorsque Menenius, envoyé par le sénat, parvint à l'en ramener en lui faisant l'apologue des membres et de l'estomac. Nous pourrions de même l'appliquer à nos ouvriers, et leur dire, lorsque eux aussi se retirent sur le mont Aventin : Venez donc reprendre votre ouvrage; ce n'est pas en ruinant les fabricants que vous parviendrez à vous enrichir : travaillez, mes amis, rentrez dans vos ateliers; reprenez vos tabliers, cet honorable signe du travail, et revenez concourir à la richesse publique, en même temps que vous assurerez votre existence et le bien-être de vos familles. C'est à vous, c'est à elles que vos interruptions de travail portent préjudice, et il n'y a que vos ennemis, ceux de l'ordre social et de la paix publique, qui puissent y trouver quelque avantage.

Ici le Roi est interrompu une troisième fois par les acclamations de l'assemblée.

J'ai encore à exprimer un autre sentiment. Je veux remercier MM. les membres du jury du zèle qu'ils ont déployé dans cette circonstance, et surtout des bons conseils qu'ils ont donnés aux exposants. Nos expositions doivent être une sorte de cours pratique où chacun doit trouver la juste appréciation de ses travaux, de ses inventions, de ses découvertes. Là, chacun peut apprendre à ne pas se laisser entraîner aux illusions d'une découverte qui peut paraître brillante au premier aspect, mais qu'un examen plus approfondi fait reconnaître moins utile que telle autre qui se présentait avec moins d'éclat. L'épreuve du jugement public classe tout à sa juste valeur; et, en fait d'industrie, il faut toujours revenir à ce qui est approuvé ou désiré par le public; car c'est là le moyen de faciliter et d'augmenter la consommation.

Je remercie également MM. les membres du jury des soins qu'ils ont pris pour assurer l'équitable distribution des récompenses qu'ils étaient chargés d'assigner. En me réservant la satisfaction de les donner moi-même, j'ai voulu néanmoins en ajouter d'autres qui me sont personnelles, et je vais commencer par donner quelques croix, qui seront pour le commerce un nouveau témoignage du prix que je mets à le soutenir et à l'honorer.

Il serait difficile d'exprimer l'enthousiasme que le discours de S. M. a excité dans tout l'auditoire. Lorsque le silence a été rétabli, M. Duchâtel, ministre du commerce, a procédé à l'appel des personnes désignées pour recevoir des récompenses.

Chaque fabricant appelé était présenté au Roi, qui, en lui remettant la récompense décernée, manquait rarement d'y joindre quelques paroles d'encouragement.

Il était près de cinq heures lorsque le Roi et sa famille sont rentrés dans leurs appartements.

LISTE

DE MM. LES EXPOSANTS

QUI ONT OBTENU

DES RÉCOMPENSES.

CROIX DE LA LÉGION D'HONNEUR.

MM.

Bosquillon, fabricant de châles à Paris.
Cauchoix, opticien à Paris.
Cavé, mécanicien.
Henri Chenavard, fabricant de tapis et meubles.
Debladis, directeur des fonderies d'Imphy.
Delatouche, fabricant de papiers (Seine-et-M.)
Derosnes, fabricant de produits chimiques.
Dufaud (Achille), directeur des usines de Fourchambault.
Érard (Pierre), facteur de pianos et de harpes.
Fauquet-Lemaître, filateur de coton à Bolbec.
Flavigny (Robert), fabricant de draps à Elbeuf.

MM.

Granger, inventeur de la charrue Granger.
Guimet, inventeur du bleu d'outre-mer factice.
Hartmann (Jacques), filateur de coton à Munster.
Josué Heilmann, mécanicien.
Henriot (Isidore), manufacturier à Reims.
Japy jeune, manufacturier à Beaumont (Haut-Rhin).
Kœchlin (Gros-Jean), fabricant de toiles peintes à Mulhouse (Haut-Rhin).
Leutner, fabricant de mousselines à Tarare.
Mouchel, manufacturier à l'Aigle.
Paturle, manufacturier à Paris.
Pleyel (Camille), facteur de pianos.
Perrelet, horloger.
Reverchon, fabricant de châles à Lyon.
Sallandrouze, fabricant de tapis.
Scrive, manufacturier à Lille.
Thomire père, fabricant de bronzes à Paris.
Zuber, fabricant de papiers peints.

RAPPEL DES MÉDAILLES D'OR.

1re DIVISION. — *Tissus*.

MM.

De Jessaint, préfet de la Marne.
Le comte Héracle de Polignac, à Outrelaise.
Jourdain et Ribouleau, à Louviers.
Bacot père et fils, à Sedan.
Robert Flavigny et fils, à Elbeuf.
Guibal Onneveaute, à Castres.

MM.

Chayaux frères, à Sedan.
Dannet frères, à Louviers.
Aubé frères, à Beaumont-le-Roger.
Henriot frère et sœur, à Reims.
Ollat et Devernay, à Lyon.
Lemire, à Lyon.
Hindelang fils aîné, à Paris.
Bosquillon, à Paris.
Rey, à Paris.
Deneirouse, à Paris.
Gaussen (François), à Paris.
Ajac, à Lyon.
D'Autancourt-Garnier et Ce, à Lyon.
Sabran père et fils et Reynaud, à Nîmes.
Curnier et Ce, à Nîmes.
Nicolas Schlumberger et Ce, à Guebviller.
Leutner et Ce, à Tarare.
Lecoq Guébé, à Alençon.
Gros, Bier, Roman et Ce, à Vesserling.
Kœchlin frères, à Mulhausen.
Dolfus-Mieg et Ce, à Mulhausen.
Hausmann frères, à Logelbach.
Chenavard (Henri), à Paris.

2e Division. — *Métaux.*

Les propriétaires des fonderies de Romilly (Eure).
Frère-Jean, à Pont-l'Évêque.
Boignes et fils, à Fourchambault.
La C^e des usines de Pont-Saint-Ours, à Pont-Saint-Ours.
Mouchel fils, à l'Ai

MM.

Le baron Falatieu, à Bains.
De Buyer, à la Chaudeau.
Ruffié, à Foix.
Monmouceau frères, à Orléans.
Leclerc (Pierre-Armand) et Ce, à la Bérardière.
Jackson frères, à Assailly.
Dequenne fils, à Raveau.
De Saint-Brice, à Amboise.
Coulaux et Ce, à Molsheim.
Rémond, à Versailles.
Mussau (Pierre), à Paris.
Japy frères, à Beaucourt.
Frichot, à Paris.
Roswag (Augustin), à Schélestadt.

3e DIVISION. — *Machines.*

John Collier, à Paris.

4e DIVISION. — *Instruments de précision et Instruments de musique.*

Breguet neveu et Ce, à Paris.
Perrelet et fils, à Paris.
Pons de Paul, à Paris.
Érard (Pierre-Orphée), à Paris.
Pleyel (Camille), à Paris.

5e DIVISION. — *Arts chimiques.*

Derosne (Charles), à Paris.

6e DIVISION. — *Beaux-arts.*

MM.

Denière, à Paris.
Thomire et Ce, à Paris.
Galle, à Paris.
Odiot, à Paris.
Fauconnier, à Paris.
Didot (Firmin), à Paris.
Hache Bourgeois, à Louviers.

7e DIVISION. — *Poteries.*

Fabry et Utzschneider, à Sarreguemines.
Nast, à Paris.
Manufacture de Saint-Gobin, à Saint-Gobin.
Godart, à Baccarat.

8e DIVISION — *Arts divers.*

Canson, à Annonay.
Johannot, à Annonay.
Delaplace, à Jean-d'Heures.
Fauler frères, à Paris.
Mattler, à Paris.

MÉDAILLES D'OR.

1re DIVISION. — *Tissus.*

MM.

Griolet, à Paris.
Bertèche Lambquin et fils, à Sedan.

MM.

Chefdrue et Chauvreulx, à Elbeuf.
Victor et Auguste Grandin, à Elbeuf.
Lemaire et Randoing, à Abbeville.
Julien, Guibal jeune et Ce, à Castres.
Eggly Roux, à Paris.
Aubert, à Rouen.
Henriot aîné et fils, à Reims.
Tessier Ducros, à Valleranèse.
Chartron père et fils, à Saint-Vallier.
Lioud, à Annonay.
Mathevon et Bouvard, à Lyon.
Thomas frères, à Avignon.
Durand, Boucher et Hauvert, à Nîmes.
Girard (J.), à Sèvres.
Hébert (Frédéric), à Paris.
Biétry (Laurent), à Villepreux.
Reverchon (Paul), et frères, à Lyon.
Rouvière Cabanne, à Nîmes.
Hartmann (Jacques), à Munster.
Fauquet Lemaître, à Bolbec.
Vantroyen Cuvelier et Ce, à Lille.
Baumgartner (Daniel) et Ce, à Mulhausen.
Dupont, à Troyes.
Hartmann et fils, à Munster.
Gros-Jean Kœchlin et Ce, à Mulhausen.
Schlumberger-Kœchlin et Ce, à Mulhausen.
Adrien-Japuis (Jean-Baptiste), à Claye.
Rattier et Guibal, à Paris.
Sallandrouze-Lamornaix, à Paris.

2e DIVISION. — *Métaux.*

MM.

La Société anonyme d'Imphy, à Imphy.
La Compagnie des fonderies et forges d'Alais, à Alais.
Taylor, à Beau-Grenelle.
Talabot et Ce, à Saint-Juéry, Saut-du-Tarn.
Émile Martin et Ce, à Fourchambault.
Robert, à Paris.

3e DIVISION. — *Machines.*

Cavé, à Paris.
Pihet, à Paris.
Moulfarine, à Paris.
Sudds, Atkins et Barker, à Rouen.
Saulnier aîné, à Paris.
Philippe, à Paris.
Kœchlin (André), à Mulhausen.
Mathieu de Dombasle, à Roville.
Scrive frères, à Lille.
Granger, à Nancy.
Lebas, à Paris.

4e DIVISION. — *Instruments de précision et Instruments de musique.*

Bertoud, à Paris.
Motel, à Paris.
Cauchoix, à Paris.
Lerebours, à Paris.
Chevalier (Charles), à Paris.
Pape, à Paris.
Roller et Blanchet, à Paris.

5ᵉ Division. — *Arts chimiques.*

MM.

Guymet, à Lyon.
Saint-André Poisat et Cᵉ, à Paris.
Bordier-Marcet, à Paris.

6ᵉ Division. — *Beaux-arts.*

Wagner (Charles) et Mention, à Paris.

7ᵉ Division. — *Poterie.*

Lebeuf, à Montereau.
De Saint-Cricq-Cazeau, à Creil.
Compagnie des verreries et glaceries de Saint-Quirin (Meurthe); administrateur, le baron Rœderer.
Seiler, à Saint-Louis.

8ᵉ Division. — *Arts divers.*

Delatouche, à Jouy-sur-Morin.
La société anonyme de la papeterie mécanique d'Écharcon, à Écharcon.
Zuber et Cᵉ, à Mulhausen.
Auzon, à Paris.

RAPPEL DES MÉDAILLES D'ARGENT.

1ʳᵉ Division. — *Tissus.*

MM.

Ganneron fils, à Bussy-Saint-Georges (Seine-et-Marne).

MM.

Chenevière, à Louviers (Eure).
Desfreches et fils, à Elbeuf (Seine-Inférieure).
Legrand Duruflé et fils, à Elbeuf (Seine-Inférieure).
Muret de Bort, à Châteauroux (Indre).
Thys-Stéphan, à Bulh (Haut-Rhin).
Badin, père et fils, à Vienne (Isère).
Jansen, à Sedan (Ardennes).
Flottes frères, à Saint-Chenian (Hérault).
Henry aîné, à Paris.
Fournival, père et fils, à Rethel (Ardennes).
Dobler père et fils, à Tenay (Ain).
Lardin frères, à Saint-Rambert (Ain).
Eymieux, Faure et Ce, à Saillan (Drôme).
Didier, Petit et Ce, à Lyon (Rhône).
Polino frères, à Paris.
Bayle et Sardin, à Paris.
Roux cadet, Rigaut et Ce, à Nîmes (Gard).
Leboucher-Villegaudin père, à Rennes (Ille-et-Vilaine).
Heilmann frères, à Ribeauville (Haut-Rhin).
Michelez fils aîné, à Paris.
Schlumberger, Stemer et Ce, à Mulhausen (Haut-Rhin).
Kaiser (Xavier) et Ce, à Sainte-Marie-aux-Mines (Haut-Rhin).
Docagne et fils, à Paris.
Bacot (Auguste), à Paris.
Dablaing, Estabelle et Thomassin, à Paris.
Bonnaire et Ce, à Paris et à Caen.
Chodeaux et Ce, à Metz (Moselle).
Delbare fils et Valin, à Paris.

MM.

Balbâtre fils aîné, à Nancy (Meurthe).
Neron jeune, à Rouen (Seine-Inférieure).
Dolfus, Huguenin et Ce, à Paris.
Périer (Augustin) et Ce, à Vizille (Isère).
Rogier (Jean-Louis), à Paris.
Vérité, à Beauvais (Oise).
M. et Mlle Vauchelet, à Paris.
Grégoire (Gaspar), à Paris.
Souchon, à Paris.
Meynard cadet, à Nîmes (Gard).
Trotry-Latouche, à Paris.

2e Division. — *Métaux.*

Layerle-Capel, à Toulouse (Haute-Garonne).
Vallin père et fils, à Paris.
Thomas et Decouchy, à Paris.
Mosselmann, à Valcauville (Manche).
Fouquet frères, à Rugles (Eure).
Hue, à Laigle (Orne).
Sir-Henry, à Paris.
Abat, Morlière et Ce, à Pamiers (Ariége).
Dumas et Girard, à Thiers (Puy-de-Dôme).
Gilet, à Paris.
Cardeilhac, à Paris.
Pradier, à Poissy.
Gavet et Ce, à Paris.
Bostmambrun (Philippe), à Saint-Remi (Puy-de-Dôme).
Gérard et Mielot, successeurs de M. Déssoye et Paintendre, à Brevanne (Haute-Marne).
Mignard-Billinge, à Belleville.

MM.

Collian et Ce, à Tontevoye (Oise).
Huret, à Paris.
Boilvin (Marie) frères, à Radonvilliers (Meurthe).
Provent, à Paris.
Saint-Paul, à Paris.
Gaillard (Nicolas-Marie).
Lepage, armurier du Roi, à Paris.

3e Division. — *Machines.*

Kermarec, à Brest (Finistère).
Favreau, à Paris.

4e Division. — *Instruments de précision et Instruments de musique.*

Lepaute fils, à Paris.
Wagner (B.-D.), à Paris.
Garnier, à Paris.
Deshays, à Paris.
Jecquer, à Paris.
Soleil père, à La Chapelle-Saint-Denis.
Domet-de-Mont, à Dôle (Jura).
Vincent Chevalier, à Paris.
Domeny (Louis-Joseph), à Paris.

5e Division. — *Arts chimiques.*

La société des mines de Bouxviller (Bas-Rhin).
Bobée et Lemire, à Choisy-le-Roi.
Bérard et fils, à Montpellier (Hérault).
Salmon-Payen et Bureau, à Grenelle (Seine).
Pluvinet et Ce, à Clichy (Seine).

MM.

Oger, successeurs de MM. Ducroos et Roëlant, à Paris.
Mme v^e Julien, à Paris.
Perrot, successeur de M. Robert, à Paris.
Estivant de Breaux, à Givet (Ardennes).
Estivant fils aîné, à Givet (Ardennes).
Lemare, à Paris.
Harel, à Paris.
Gense et Lajonkaire, au Petit-Montrouge (Seine).
Lange-Desmoulins, à Paris.

6e DIVISION. — *Beaux-arts.*

Bellangé (Alexandre), à Paris.
Werner, à Paris.
Ledure, à Paris.
Lebrun, à Paris.
Parquin (Théodore), à Paris.
Pillioud, à Paris.
Thompson, à Paris.
Vallet et Hubert, à Paris.
Romagnesi, à Paris.
Motte, à Paris.
Crapelet, à Paris.
Engelmann et Ce, à Paris.

7e DIVISION. — *Poterie.*

Douault (Jean-Baptiste-Pierre), à Paris.
Mortelèque, à Paris.
Legros d'Anizy, à Paris.

8ᵉ DIVISION. — *Arts divers.*

MM.

Wisc (Édouard), à Saint-Sulpice-les-Douleurs (Somme).
Jacquemart, à Paris.
Emmerie et Jean-Baptiste Georger, à Strasbourg (Bas-Rhin).
Walker, à Paris.

MEDAILLES D'ARGENT.

1ʳᵉ DIVISION. — *Tissus.*

MM.

Dupreuil, à Pouy.
Moet de Romont, à Romont.
Maitre (J.), à Villatte.
Godin aîné, à Châtillon.
Monnot-Leroy, à Pontru.
Massin, à Paris.
Prévost (Louis-Alexandre), à Paris.
Camu fils et Croutelle, à Reims.
Raulin père et fils et Durotoire, à Sedan.
Viollet et Jeuffrain, à Louviers.
Poitevin et fils, à Louviers.
Lecouturier, à Louviers.
Germain, Petit et Cᵉ, à Louviers.
Labrosse, à Sedan.
Piot et Nounon, à Sedan.
Bridier Chayaux et fils, à Sedan.
Aroux (Félix), à Elbeuf.

MM.

Sevaistre Turgis, à Elbeuf
Chenevières, à Elbeuf.
Charvet, à Elbeuf.
Delarue, à Elbeuf.
Datis et fils, à Savelanet.
Roustic frères, à Carcassonne.
Armingand, Mingaud et Ce, à Saint-Pons.
Piédanna, à Paris.
Croco, à Paris.
Casse (Jean), à Roubaix.
Soyez Feuilloy et Desjardins, à Amiens.
Henriot fils, à Reims.
Benoît Malot et Ce, à Reims.
Allart Decorbie, à Reims.
Camille Beauvais, aux Bergeries.
Verdet frères, à Lebuis.
Baral frères, à Crest.
Meynard (Hilarion), à Valréas.
Guilliny, à Nyons.
Watts, Wrigley fils et Ce, à la Ferté-Aleps.
Deromaz-Dozat et Flamand, à Saint-Rambert.
Gamot frères et Eggena, à Lyon.
Besset et Bouchard, à Lyon.
Potton Crozier et Ce, à Lyon.
Burel, Beroujou et Ce, à Lyon.
Ducarre, à Lyon.
Cinier et Fatin, à Lyon.
Servant et Ogier, à Lyon.
Poncet frères, à Avignon.
Platarel et Payen, à Paris.
D'Hombres et Ce, à Nîmes.
Possot, à Paris.

MM.

Chambellan et Duché, à Paris.
Arnould (Jean-Louis), à Paris.
Drouinet, à Paris.
Tiret et Ce, à Paris.
Grillet et Trotton, à Lyon.
Loux, Combet et Ce, à Lyon.
Gelot et Ferrière, à Lyon.
Damiron, à Lyon.
Barnouin et Bureau, à Nîmes.
Soulas aîné, à Nîmes.
Roux frères, à Nîmes.
Brousse (Jacques), à Nîmes.
Saglio (Baptiste) et Ce, à Biblisheim.
Mme veuve Saint-Marc, Portien et Tétiot aîné, à Rennes.
Poisson et Ce, à Landerneau.
Prosper Delaunay et Ce, à Laval.
Blot, à Douai.
Tesse-Petit, à Lille.
Antoine Herrog, à Logelbach.
Selliéré (A. B.), Provensal fils, à Senones.
Titot, Chastellux et Ce, à Haguenau.
Picard jeune et fils, à Saint-Quentin.
Mieg (Charles), à Mulhausen.
Guillemet, à Nantes.
Blech frères, à Sainte-Marie-aux-Mines.
Madinnier fils, à Tarare.
Poupinel, à Paris.
Le Fort (L.-C.), à Grand-Couronne, près Rouen.
Malezieux frères et Robert, à Saint-Quentin.
Leblond et Lange, à Paris.
Germain, Thibaut et Ce, à Paris.

MM.

Vignat et Chauvet, à Saint-Étienne.
Thierry Mieg, à Mulhausen.
Barbé Zurcher et Ce, à Chantilly.
Schlumberger jeune, à Thann.
Liebach Hartmann, à Thann.
Schlumberger (Daniel) et Ce, à Mulhausen.
Kettinger fils, à Bolbec.
Arnaudtizon, à Bapaume-les-Rouen.
Pimont aîné, à Rouen.
Rondeau-Ponchet, à Bolbec.
Fanquet-Ponchet, à Bolbec.
Pimont (Prosper), à Darnetal.
Perrégaux et Ce, à Jallieu.
Durand et Ce, à Saint-Just.
Caron-Langlois, à Beauvais.
Vayson, à Paris.
Laurent (Henri) à Amiens.
Atramblé, Briot fils et Ce, à Paris.
Beauvisage, à Paris.
Vidalin, à Lyon.
Bardel (Eugène), à Paris.
Tur et Ce, à Nîmes.
Plantier-Barre et Ce, à Nîmes.
Jay (Amable), à Paris.

2e Division. — *Métaux.*

Geruzet (Aimé), à Bagnères.
Le général baron d'Arlincourt, à Tierceville, près Gisors, et à Lesfontaine.
Mesmin, aîné, à Fromelennes.
Le comte de Pontgibaud, à Pontgibaud.

MM.

Paignon (Charles) et Ce, à Bitry.
Giroud père, à Allevard.
Durand, à Riouperou.
Dumas, à Paris.
Tremeau-Soulmé, à Vandenesse.
Mme v^e Diétrich et fils, à Niederbronn.
Degaita Antoine et Ce, à Zornhoff.
Charrière (Jean-Baptiste), à Paris.
Bernard Fleury, à Laigle.
Robin, à Paris.
Paulin Désormeaux, à Paris.
Détappe, à Bruniquel.
Gandillot frères et Roy, à Paris.
Gardon père et fils, à Mâcon.
Favrel (Auguste), à Paris.
Poulignot (Pierre), à Monténéraux.

3e Division. — *Machines.*

Périer Edward, Chaper et Ce, à Paris.
Saulnier (Jacques), à Paris.
Rollë et Schwilgé, à Strasbourg.
Thonnelier (Nicolas), à Paris.
Pecqueur, à Paris.
Dietz et Hermann, à Paris.
Farcot, à Paris.
Antiq, à Paris.
Kœchlin-Ziegler, à Mulhausen.
Feldtrappe, à Paris.
École de Châlons, à Châlons (Seine-et-Marne).
Holcroff, à Paris.
Galle, à Paris.

MM.

Gaveaux, à Paris.
Mulot, à Épinay.
Reech, à Lorient.
Babonneau, à Nantes.
Journet (Pierre), à Paris.
Dacheux, à Paris.
Laigniel, à Paris.
Debergue (Henri), à Paris.
Dubois et Ce, à Louviers.
Agneray, à Rouen.
Jaillet, à Lyon.
Dieudonnat, à Paris.
Hoffmann, à Nancy.
De Raffin, à Nevers.
Cambray, à Paris.
Hugues, à Bordeaux.
De Marolle, à Paris.
Mothes frères, à Bordeaux.
Ménien et Ce, à Paris.
École de M. le prince de Chimay, à Ménart.
Metcasle, à Meulan.
Malmaret aîné, à Lille.
Le duc de La Rochefoucaud-Liancourt, à Liancourt.
Debergue, Desfriches et Ce, à Lisieux.

4e DIVISION. — *Instruments de précision et Instruments de musique.*

Jacob, à Paris.
Benoît, à Versailles.
Vincenti et Ce, à Montbéliard.

MM.

Henriot, à Mâcon.
Bobert, à Paris.
Legey (Armand-Numa), à Paris.
Buron, à Paris.
Collardeau Duheaume, à Paris.
Bunten, à Paris.
Gavard (Jacques-Dominique-Charles), à Paris.
Savarres, à Paris.
Kriegelstein et Arnaud, à Paris.
Souffletto, à Paris.
Vuillaume, à Paris.

5e DIVISION. — *Arts chimiques.*

La Compagnie anonyme de Saint-Gobin, à Chauny.
La régie de salines de l'Est, à Dieuze.
Vallery (Charles), à Saint-Paul-sur-Risle (Eure).
Lefebvre (Théodore) et Ce, à Lille.
Houzeau-Muiron, à Reims.
Laugier père et fils, à Paris.
Grenet, à Rouen.
Leroux, à Vitry-le-François.
Bowens van Coppenal et Ce, à Paris.
Pepin (Théodore), à Paris.
Brame-Chevalier, à Lille.
Reybeaud frères et Legrand, à Marseille.
Salmon, Payen et Buran, à Paris.
Jeubert, à Paris.
Demilly et Motard, à Paris.
Roth et Bayvet, à Paris.

6ᵉ DIVISION. — *Beaux-arts.*

MM.

Fischer, à Paris.
Maynard et fils, à Paris.
Lerolle, à Paris.
Jeannest (Louis-François), à Paris.
Richard et Quesnel, à Paris.
Ingé et Soyé, à Paris.
Delafontaine, à Paris.
Kirstein, à Strasbourg.
Durand (François), à Paris.
Gandais (Jacques-Augustin), à Paris.
Baleine (Alexis-Charles), à Paris.
Godard, à Alençon.
Daiguebelle, à Paris.
Dien, à Paris.
Andriveau-Goujon, à Paris.
Piquet (Charles), à Paris.
Jacoubet, à Paris.
Éverat, à Paris.
Desrosiers (Pierre-André), à Moulins.
Duverger, à Paris.
Panckoucke, à Paris.

7ᵉ DIVISION. — *Poterie.*

Fouque, Arnoux et Cᵉ, à Toulouse.
Chalot, à Chantilly.
Bontemps, à Choisy-le-Roi.
Burgun-Watter et Cᵉ, à Meisenthal.
Hachette et Cᵉ, à Paris.

8ᵉ Division. — *Arts divers.*

MM.

Montgolfier (François-Michel), à Vidalon-lès-Annonay.
Blanchet frères et Kléber, à River.
Richard et Cᵉ, à Plainfoing.
Callaud Bellislé fils et frères, à Veuze et à Saint-Michel.
Latune et Cᵉ, à Crest.
Mᵐᵉ Mader, à Paris,
Cartulat, Simon et Cᵉ, à Paris.
Henon fils aîné, à Paris.
Simier (Alphonse), à Paris.
Kœler frères, à Paris.
Duplanil, à Paris.
Brizon fils aîné, à Rennes.
Masse, à la Maison-Blanche, barrière de Fontainebleau.
Nathan, Béer et Tréfouse, à Lunéville.
Nathan frères, à Lunéville.
Nys et Longagne, à Paris.
Plummer père et fils et Clouet, à Pont-Audemer.
Couteaux (Adolphe), à Joinville.
Durand fils, à Paris.
Bugnot, à Paris.
Le Coq, à Paris.

RAPPEL DES MÉDAILLES DE BRONZE.

1re DIVISION. — *Tissus.*

MM.

Gastine, à Louviers.
Gorrisson, oncle et neveu, à Montauban.
Debuchy (Désiré), à Turcoing.
Sambuc et Noyer, à Dieulefit.
Delacour, à Tain.
Puget, à Nîmes.
Martin frères, à Nîmes.
Bousquet-Dupont, à Nîmes.
Reber, à Sainte-Marie-aux-Mines.
Bellauger père et Nourrisson, à Tours.
Videcocq et Courtois, à Paris.
L'atelier de Charité, à Valognes.
Cardin-Meauzé, à Paris.
Biais, à Paris.
Joliet, à Paris.
Dournay frères, à Lobsann.

2e DIVISION. — *Métaux.*

Grimes, à Montpellier.
Hamard, à Paris.
Gignoux et Ce, à Sauveterre et Cuzorn.
Muel Doublat, à Abainville.
Greiling (Jean-Henri), à Paris.
Douris-Fumeaux, à Thiers.

MM.

Treppoz (Benoît), à Paris.
Frestel (Jean-Auguste), à Saint-Lô.
Vallon (Antoine), à Paris.
Laporte, à Paris.
Touron, à Paris.
Roussin, à Paris.
Pupil (Edmond), à Paris.
Bobilier frères, à Grandcombes.
Bouffon, à Sauxillanges.
Lepaul (Camille-Romain), à Paris.
Delarue, à Paris.
Blanchard, à Paris.
Rouffet, à Paris.
Mentzer (Louis-Xavier), à Paris.
Thirion, à Norroy-Marie-Saint-Sauveur (Meurthe).
Hildebrand (Nicolas), à Paris.
Orbelin, à Paris.
Richard, à Paris.
Lelong (Alphonse-Édouard), à Paris.
Delebourse, à Paris.

4e DIVISION. — *Instruments de précision et Instruments de musique.*

Perron, à Besançon.
Gravant, à Paris.
Niot et Chapponel, à Paris.
Bernhardt, à Paris.
Wetzels, à Paris.
Lefévre (Simon), à Paris.
Triebert, à Paris.
Savaresse, à Nevers.

5ᵉ DIVISION. — *Arts chimiques.*

MM.

Levaillant, à Paris.
Cartier fils et Grieu, à Paris.
Julien et Cᵉ, à Paris.
Buran et Cᵉ, à Charenton.
Bourbonne (Alexandre), à Paris.
Lefébure, à Paris.
Herbin, à Paris.
Mareschal, à Paris.
Degrand, à Marseille.
Lignières fils aîné, à Toulouse.
Gagneau, à Paris.
Gotten, à Paris.
Chopin et Melon, à Paris.
Mˡˡᵉ Quenedey, à Paris.
Champion, à Paris.

6ᵉ DIVISION. — *Beaux-arts.*

Veyrat, à Paris.

7ᵉ DIVISION. — *Poterie.*

Laurent Gilbert, à Orléans.
Bernard Lallouette, à Villedieu.
Mᵐᵉ ᵛᵉ Langlois, à Bayeux.
Denuelle, à Paris.
Deviolaine, à Prémontré.
Marion Bourguignon, à Paris.
Barthélemy, à Paris.

8e Division. — *Arts divers.*

MM.

Mme Breton, à Paris.
Largueze, à Montpellier.
Delacre-Snande, à Dunkerque.
Lauzin, à Belleville.
Trempé et Cruel, à Paris, à la Villette.

MÉDAILLES DE BRONZE.

1re Division. — *Tissus.*

MM.

Caille, à Varastre (Seine-et-Marne).
Houtteville, à Saint-Denis-d'Achons (Seine-Inférieure).
Vulliamy, à Nonancourt (Eure).
Gaigneau frères, à Essonne (Seine-et-Oise), et à Paris, rue Meslée, 12.
Le Roy Picard, à Sedan (Ardennes).
Warinet Nanquette, à Sedan (Ardennes).
Fayard, à Sedan (Ardennes).
Trotot et fils, à Sedan (Ardennes).
Antoine Rousselet, à Sedan (Ardennes).
Javal, à Elbeuf.
Barbier, à Elbeuf.
Gaudechaux frères, à Nancy et à Elbeuf.
Baux aîné, à Mazamet.
Odoard Falaticux et Ce, à Vienne.
Gabert fils aîné et Genin, à Vienne.

MM.

Jules Desmares, à Vire.
Matthieu, Mieg et fils, à Mulhausen.
Marcot et Matthieu, à Nancy.
Barbet et Fournier, à Lodève.
Viviès, à Sainte-Colombe, sur l'Hers.
Mouisse (Jean-François), à Limoux.
Pinet (Timothée), à Quillan.
Vène Houler, Cormouls et Ce, à Mazamet.
Courtejairé, à Carcassonne.
Sompairac aîné, à Cenne-Monestiers.
Silvestre Barthes, à Saint-Pons.
Lacarrière, à Paris.
Bruz Grimonpret, à Roubaix.
Wacrenier Delvinquier, à Roubaix.
Dauphinot-Pérard, à Isle.
Lefebvre aîné, à Ceves-les-Mello.
Tisserant, Quiller et Toussaint, à Mello.
Périer, à Viteaux.
Noyer frères, à Dieu-le-Fit.
Bonnefoy et Ce, à Dieu-le-Fit.
Montaut neveu, à Montauban.
Sautel Coront, à Lyon.
Hamelin, aux Andelys.
Alphonse Chardin, à Paris.
Boucoiran et Bruguière, à Nîmes.
Brière Clément, à Paris.
Brissot, oncle et neveu, à Crest.
Pellin Bertrand et Ce, à Lyon.
Belly-Luiset, à Lyon.
Pamart (Hippolyte), à Avignon.
Faure et Duprat, à Avignon.
Combié Rossel, à Nîmes.

MM.

Daudet Queirety et Ce, à Nîmes.
Simon Albert, à Paris.
Junot, à Paris.
Manuel et Macaigne, à Paris.
Gagnon et Culhat, à Paris.
Boiryven frères, à Lyon.
Luquin frères, à Lyon.
Aurivel aîné, à Nîmes.
Bonet et Kiber, à Nîmes.
Conte, à Nîmes.
Devèze fils et Ce, à Nîmes.
M^e v^e Terwangne et Fournier, à Paris.
Jacquemet, à Voiron.
Baron Dutaya, à l'Hermitage.
Goupil (Constant), à Fresnay.
Coumert Caretton et Chardonnaud, à Nîmes.
Guiller Chardon, à Écomoy.
Butet (Jean-Joseph), au Mans.
Desbouillons fils, à Châteaugiron.
Bellème, à Coreux.
Debuchy (François), à Lille.
Auloy, à Marcigny.
Leclair (Jean-Baptiste), à Keisersberg.
Morel et compagnie, à Moy.
Camille Bourcart, à Thann.
Gervais, à Caen.
Pierre Wacrenier, à Roubaix.
Periez Favier, à Lille.
Titot et Chastellux, à Ensisheim.
Franck (Alexandre), à Mulhausen.
Casenave, à Nay.
Vallet fils, à Nantes.

MM.

Lecluse Biard, à Saint-Lô.
Wer (Prosper), à Paris.
Bobée, à Rouen.
Gouel Pellerin, à Rouen.
Le Picard, à Rouen.
Vallée-le-Rond, à Rouen.
Cagnard, à Rouen.
Tessier, père et fils, à Saint-Dié.
Salmon (Alexandre), à Tarare.
Bompard-la-Ruelle et Oiry, à Nancy.
Berthier, à Paris.
Chapelon cadet, à Toulouse.
Waddowson Bussel et Bailey, à Douai.
Lefebure et sœurs, à Paris.
Violard, à Paris.
Aubry Febvrel, à Mirecourt.
Rogues Rousset, au Puy.
Dubois James, à Paris.
Marie Hottot, à Paris.
Charliat, à Paris.
Conville (Laurent), à Paris.
Hennecart, à Paris.
Delbarre (Jean-Denis), à Paris.
Ruffi Jussel, à Nancy.
Mouton et Jossaume, à Paris.
Dutrou jeune, à Paris.
Faure frères, à Saint-Étienne.
Robichon et Ce, à Saint-Étienne.
Colombet et Paliart, à Saint-Étienne.
Bancel, à Saint-Chamont.
Mercoiret, à Saint-Étienne.
M^e v^e Conard, à Drucourt.

MM.

Masselin frères, à Drucourt.
Paris frères, à Paris.
Wey frères, à Besançon.
Seib (Jean-Adam), à Strasbourg.
Lucian jeune, à Paris.
L'Hôtel, à Paris.
Faure fils, à Paris.
Pavy (Eugène), à Paris.
Benoît père et fils, à Saint-Jean-du-Gard.
Germain (Pierre), au Vigan.
Deletoile-Coquelle, à Arras.
Vigry, à Vouneuil-sous-Biard, près Poitiers.
Vautier (Victor), à Caen.
Potel, à Caen.
Huault Benoît, à Paris.
Chenard frères, à Paris.
Ray frères, à Paris.

2e DIVISION. — *Métaux.*

De Sassenay et Cᵉ, à Paris.
La Société anonyme d'Épinal, à Épinal.
Gaudy (Théodore), à Boulogne-sur-Mer.
Bourguignon, à Paris.
Gariette, à Paris.
Quinet, à Paris.
Rocle, à Paris.
Reveillac, à Paris.
Bobillier (Pierre), à Legras.
Voisin Ovide et Cᵉ, à Paris.
Société des Mines royales de Villefort et Vialas,
 à Paris.

MM.

Mines de zinc de Clairac, à Clairac.
Lebobe, à Paris.
Pierson et Thomas, à Jean-d'Heures.
Baron du Taya, à l'Hermitage.
Steehlin et Hubert, à Bitschwiller.
Champy, à Grand-Fontaine.
Ladrey, à Cigogne.
Festugière frères, à Tayac.
Schmidborn et Ce, à Sarralbe.
Blanchet frères, à Saint-Gervais.
Gourju, à Rives.
Vial fils aîné, à Rénage.
Frichou, Debryc et Ce, à Saint-Étienne.
Courot-Bigé, à Corbelin.
Courot (Gustave), à la Doué.
Béranger et Petit, à Orléans.
Gourjon de la Planche, à Nevers.
Montmirel et Landray, à Paris.
Bourdeaux aîné, à Montpellier.
Crouzet (Mathieu), à Montpellier.
Samson, à Paris.
Pradier Arbot, à Thiers.
Sabatier, à Paris.
Salins (Jean-Marie), à Valentigny.
Bobillier (Isidore-Frédéric), à Lesgras.
Nicod (Claude-François), à Maison-du-Bois.
Tarlay, à Paris.
Coade, à Paris.
Regaud-Michon, à Nemours.
Varlet, à Thionville.
Bouchet et Dapples, à Gouille.
Le Sage (Pierre-Augustin), à Paris.

MM.

Fichet (Alexandre), à Paris.
Grangois, à Paris.
Huet, à Paris.
Malespine, à Saint-Étienne.
Chamouton, à Paris.
Pot-de-Fer, à Nevers.
Drouaut frères et Ce, à Nantes.
Margoz père et fils, à Paris.
Acollas (Pierre-Hyacinthe), à Paris.
Barth, à Paris.
Bourgouin, à Paris.
Mongin, à Paris.
Janin Béatrix, à Béard.
Magnière, à Vassy.
Tassaud, à Paris.
Camus Rochon, à Paris.
Matthieu Danloy, à Raucourt.
Spindler (Auguste) et Ce, à Plancher-les-Mines.
Gondart et Geslin, à Paris.
Rossignol frères, à Laigle.
Pelletier, à Amboise.
Le Tixerand, à Vexaincourt.
Parquin et Pauwels, à Paris.
Osmond (A.-L.), à Paris.
Bottier, à Paris.
Blerzy, à Paris.
Palluy (Hubert-Félix), à Paris.
L'institution des Jeunes Aveugles, à Paris.
Lefaucheux, à Paris.
Lelyon, à Paris.
Pottel, à Paris.
Périn Lepage, à Paris.

MM.

Prélat, à Paris.
Leclerc frères, à Paris.
Bernard, à Paris.

3ᵉ DIVISION. — *Machines.*

Hoyau, à Paris.
Moreau, contrôleur des monnaies à Bordeaux.
Selligue, à Paris.
Roth et Bayvet, à Paris.
De Laforge, à Paris.
Molher, à Paris.
École d'Angers, à Angers.
De Manneville, à Gonneville-sur-Honfleur.
Barth, à Paris.
Galy-Cazalat, à Versailles.
Chavepeyre, à Paris.
Bourdon (Eugène), à Paris.
Fayard, à Paris.
Valentin Féau-Béchard, à Orléans.
Drouault, à Nantes.
Lévêque (Jean-Pierre), à Paris.
Eck (Charles-Louis-Gustave), à Paris.
Regnier (Louis-Edme), à Paris.
Guérin et Cᵉ, à Paris.
Gailard, à Paris.
Poirée, à Nevers.
Accolas, à Paris.
Rottée, à Paris.
Papavoine, à Rouen.
Achez-Partier, à Mouy.
Chatelard et Perrin, à Lyon.

MM.
Quentin-Durand, à Paris.
Vernay (Nicolas, à Villeneuve-l'Archevêque.
Bonnafous (Mathieu), à Paris.
Saint-Étienne (François-Xavier), à Paris.
Haize (Félix), à Paris.
Besnier du Chaussais, à Paris.
David, à Paris.
François jeune et Benoît, à Troyes.
Fructier, à Battencourt.
Blanchin, à Paris.
Hugonnet, à Paris.
Bourgeois, à Rambouillet.
André (Jean), à Périgni.
Cogoureux, à Reynies.
Arnheiter et Petit, à Paris.
Crespel-Delisle, à Arras.

4ᵉ Division. — *Instruments de précision et Instruments de musique.*

Henry neveu, à Paris.
Mathieu, à Paris.
Blondeau, à Paris.
Huart, à Versailles.
Brocot, à Paris.
Leroy (Louis-Charles), à Paris.
Mugnier, à Paris.
Deleuil, à Paris.
Kruinès, à Paris.
Allizeau, à Paris.
Chevalier, à Paris.
Tabouret, à Paris.

MM.

Piérée, à Paris.
Goidon jeune, à Paris.
Bernardel, à Paris.
Nicolas, à Mirecourt (Vosges).
Cosse-Goguette, à Mirecourt (Vosges).
Godefroid (Clair), à Paris.
Tulou, à Paris.
Martin (Jean-François), à la Couture (Eure).
Winnen, à Paris.

5e DIVISION. — *Arts chimiques.*

Bonnaire et Delacretay, à Vaugirard (Seine).
Delondre (Auguste), à Nogent-sur-Marne (Seine).
Tocchi, à Arène, par Marseille (Bouches-du-Rhône).
Pallu jeune et fils, à Portillon, près Tours (Indre-et-Loire).
Dupré, au Pecq (Seine-et-Oise).
Payen et Buran, à Grenelle et à Saint-Denis (Seine).
Raybaud (Pierre), à Paris.
Lainé (Pierre), à Paris.
De Braux d'Angluze, à Paris.
Coneau et Cᵉ, au Mans.
Leydig et Cᵉ, à Mantes (Seine-Inférieure).
Millet et Chereau, à Nantes.
Leroux-Dufié, à Paris.
Ionard et Magnin, à Clermont (Puy-de-Dôme).
Cortyl-Vanneris, à Bailleul (Nord).
Gratz-Woog, à Valenciennes (Nord).

MM.

Delaveaux fils aîné, à Lanneguet (Haute-Garonne).
Lassalle et Bellaque, à Paris.
Pouillet (Charles et Auguste), à Paris (Seine).
Vuillier (Augustin), à Dôle (Jura).
Beaulès, à Paris.
Panier (Joseph), à Paris.
Mantoux, à Paris.
Verdier (Pierre-Louis), à Paris.
Saunier, à Paris.
Cerf, à Brest (Finistère).
Thiloriers Serrurot, à Paris.
Geraud, à Paris.
Joane frères, à Paris.

6e DIVISION. — *Beaux-arts.*

Durand (Prosper-Guillaume), à Paris.
Chabert (Hippolyte), à Paris.
Guérin et Fréminet, à Paris.
Blechschmidt, à Paris.
Chanuel, à Marseille (Bouches-du-Rhône).
Picnot (Alexandre), à Paris.
Valet Cornier, à Paris.
Villemsens, à Paris.
Lefranc (Alexandre), à Paris.
Hardelet (François-Pierre), à Paris.
Andress Best et Loir, à Paris.
Lacoste (Louis), à Paris.
Tirrars, à Paris.
Deschamps, à Paris.
Delpech (Mme veuve), à Paris.

MM.

Mantoux (Étienne), à Paris.
Breugnot, à Paris.
Pierron (Antoine), à Paris.
Dupont (A^{te}) et Ce, à Périgueux (Dordogne).
Delarue (Théophile), à Paris.
Marin et Schmidt, à Strasbourg (Bas-Rhin).
Antoine Werner Hochstetter, à Paris.
Langlois père, à Paris.
Danty, à Paris.
Tardieu jeune, à Paris.
Galignani, à Paris.
Rignoux, à Paris.
Audot, à Paris.
Mme v^e Constantin aîné et Constantin jeune, à Nancy (Meurthe).
Deschamps (Louis-Charles), à Paris.
Lesaché (Jean-Jacques), à Paris.
L'institution des sourds-et-muets, à Paris. M. Sellier, directeur des ateliers de tourneur, rue Saint-Jacques.
Simonin, à Paris.
Benoit, à Troyes (Aube).

7e DIVISION. — *Poterie.*

Vireboca frères, à Miremont, Toulouse (Haute-Garonne).
Gourlier, à Paris.
Decaen frères, à Arboras (Rhône).
Honoré, à Paris.
Hutter et Ce, au Grand-Terrier, à Rive-de-Gier (Loire).

8e DIVISION. — *Arts divers.*

MM.

Lacroix frères, à Angoulême (Charente), et à Paris.
Muller-Bouchard, Oudin et Cc, à Gueures près Dieppe (Seine-Inférieure).
Boulard, à Villeneuve par Bar-sur-Seine (Aube).
Bechetoile (Jean-Baptiste) et Cc, à Bourg-Argental (Loire).
Hénon jeune, à Paris.
Guilbert, à Paris.
Muller, à Paris.
Lesné, à Paris.
Jacotier, à Paris.
Mme ve Rondet, à Paris.
Noël, à Paris.
Delbu, à Saint-Germain-en-Laye (Seine-et-Oise).
Lemarchand, à Guingamp (Côtes-du-Nord).
Bouscaron et Cc, à Nantes (Loire-Inférieure).
Chouillou, à Paris.
Ducastel, à Paris.
Boudart aîné, à Chaumont (Haute-Marne).
Trempé, à la Villette (Seine).
Spiegelhaltes, à Paris.
Schultz (François-Jean), à Paris.
Hutin Delatouche, à La Chapelle (Seine).
Michels, maire, à Metz (Moselle).
Labouriau, à Paris.
Battandier, à Paris.
Angrand, à Paris.
Holzbacher, à Paris.

MM.

Huzard, à Paris.
Pinsonière, à Paris.
Pontaine-Perrier, à Paris.
Flamet (Jean-Louis), à Paris.
Mme v^e Dupré, à Paris.
Amoros, à Paris.
Brunot, à Paris.

Récompenses accordées aux artistes qui, par des inventions ou procédés non susceptibles d'être exposés séparément, ont contribué aux progrès des manufactures depuis l'exposition de 1827. (Art. 4 de l'ordonnance du 4 octobre 1833.)

RAPPEL DE MÉDAILLES D'OR.

M. Holker, fabricant d'acide sulfurique.—Rappel d'une médaille d'or décernée en 1819 à la Société Chaptal fils, d'Arcet et Holker.

MÉDAILLE D'OR.

M. Émile Grimpé, graveur de cylindres à imprimer les étoffes.

MÉDAILLES D'ARGENT.

MM.

Cavelier, dessinateur, à Paris.
Dessoye, directeur de la fabrication des limes

MM.

à l'usine de Bazacle, département de la Haute-Garonne.

Payen et Persoz, chimistes, à Paris.

Dumont, raffineur de sucre, à Paris.

Eastwood, ingénieur en chef des ateliers de mécanique de la fonderie de Chantemerle, à Essonne (Seine-et-Oise).

Tuvion (J. J.), ouvrier en châles, à Nîmes.

Guillemin, mécanicien, à Besançon (Doubs).

Josué Heilmann, mécanicien, à Mulhausen (Haut-Rhin).

Amédée Rieder, mécanicien, à Mulhausen (Haut-Rhin).

Couder, dessinateur, à Paris.

MÉDAILLES DE BRONZE.

MM.

Déon, ouvrier ciseleur, à Paris.

B. Chaussenot, directeur de la fabrication de dextrine, à Neuilly.

Jacond, machiniste, à Mulhausen (Haut-Rhin).

Henri (Claude-François), contre-maître, à Mulhausen.

Drouard (Isidore), chimiste, attaché à la manufacture de papiers peints de MM. Dufour et Leroy, à Paris.

Leblanc-Gilles, ouvrier en châles, à Paris.

Descat-Crouzet, teinturier et apprêteur, à Roubaix.

Beyer (Jacques), ouvrier tisserand, à Fresnay (Sarthe).

Supplément à l'état des récompenses décernée par le jury central.

1re CATÉGORIE.

EXPOSANTS.

1re DIVISION. — *Tissus.*

MM.

Malard et Barré, à Beauvais (Oise). Diplôme portant rappel d'une médaille de bronze obtenue en 1823 par Mme v^e Bourgeois, dont ils sont successeurs.

8e DIVISION. — *Arts divers.*

Giroux (Alphonse), à Paris; médailles d'argent.
Josselin Pousse et Ce, à Paris; médailles de bronze.
Hutin (Ambroise-Stanislas), à Trie-Château (Oise); médaille de bronze.

2e CATÉGORIE.

ARTISTES NON EXPOSANTS.

(Exécution de l'article 4 de l'ordonnance royale du 4 octobre 1833.)

Abadie, mécanicien, propriétaire d'un atelier de construction de machines, à Toulouse (Haute-Garonne); médaille d'or.

www.ingramcontent.com/pod-product-compliance
Lightning Source LLC
LaVergne TN
LVHW022143080426
835511LV00007B/1232